Preguntas picantes para subir la temperatura en pareja
©Cool Books, 2023 ISBN 9788411744638

Impresión y editorial: BoD – Books on Demand
info@bod.com.es – www.bod.com.es
Impreso en Alemania – Printed in Germany

PREGUNTAS PICANTES
PARA SUBIR LA TEMPERATURA EN PAREJA

✳ ¿QUÉ ES LO QUE MÁS TE ENCIENDE EN LA CAMA?

✳ ¿HAS ENVIADO ALGUNA VEZ UNA FOTO PICANTE?

✳ ¿HAS TENIDO SEXO CON ALGUIEN DE TU MISMO SEXO (PAREJAS HETERO) O DEL OTRO SEXO (PARE-JAS HOMOSEXUALES)?

✳ ¿HAS FLIRTEADO CON ALGÚN PROFESOR?

* ¿CUÁL ES EL SUEÑO MÁS ERÓTICO QUE HAS TENIDO?

* ¿HAS HECHO ALGÚN TRIO?

* ¿QUÉ OPINAS DEL SEXO EN GRUPO?

* ¿ALGUNA VEZ HAS VISTO A TU PAREJA HACERLO CON OTRO?

TE RETO A QUE CONTINUEMOS EL RESTO DEL JUEGO DESNUDOS

* DEFINE QUÉ SIENTES CON TUS ORGASMOS.

* ¿DÓNDE TE ENCIENDE MÁS QUE TE BESEN?

* ¿HAS TENIDO SEXO ANAL? SI NO, ¿TE GUSTARÍA TENERLO?

* ¿PREFIERES SEXO FUERTE O SUAVE?

* ¿PREFIERES ESTAR ARRIBA O ABAJO?

* ¿HAS IDO A ALGUNA PLAYA NUDISTA?

* ¿HAS IDO A UN SEX SHOP?

* ¿TE HAS HECHO UN SELFIE DESNUDO?

TE RETO A QUE MUERDAS ALGUNA PARTE DE MI CUERPO

* ¿HAS TENIDO SEXO TELEFÓNICO?

* ¿HAS TENIDO ALGUNA CITA A TRAVÉS DE INTER-
NET?

* ¿HAS TENIDO ALGUNA VEZ DOS CITAS EN EL
MISMO DÍA?

* ¿HAS ESTADO LIADO CON ALGUIEN QUE TE AVER-
GONZARAS DE PRESENTAR A TUS AMIGOS?

* ¿ALGUNA VEZ TE HAS MASTURBADO MIENTRAS YO ESTABA DORMIDO A TU LADO?

* ¿CUÁL ES LA PARTE DE MI CUERPO QUE MÁS TE EXCITA?

* ¿CUÁL ES LA PARTE DE TU CUERPO QUE MÁS TE EXCITA?

* ¿CUÁL HA SIDO LA MEJOR EXPERIENCIA SEXUAL QUE HEMOS TENIDO JUNTOS?

TE RETO A QUE ME HAGAS UN STRIP TEASE AHORA MISMO

✳ ¿ALGUNA VEZ TE HAS VESTIDO CON ROPA DEL SEXO OPUESTO?

✳ ¿ALGUNA VEZ HAS PENSADO QUE LA MADRE/EL PADRE DE UN AMIGO/A ESTABA CAÑÓN?

✳ ¿HAS COMPRADO ROPA SEXY PARA ALGUIEN?

✳ ¿ALGUNA VEZ HAS ENGAÑADO A UNA PAREJA?

✳ ¿HAS PRACTICADO SEXO EN UN BAÑO PÚBLICO?

✳ ¿HAS PRACTICADO SEXO EN UN PARQUE?

✳ ¿CUÁL ES EL SITIO MÁS RARO DONDE HAS PRACTI-CADO SEXO?

✳ ¿EN QUÉ SITIO QUE AÚN NO HAYAS PROBADO TE GUSTARÍA PRACTICAR SEXO?

TE RETO A QUE ME QUITES UNA PRENDA DE ROPA CON LOS DIENTES

* ¿ALGUNA VEZ TE HAS RASURADO POR COMPLETO?

* ¿HAS PEDIDO A ALGUIEN QUE SE RASURE POR COMPLETO?

* ¿QUÉ ES LO QUE MÁS TE APAGA EN LA CAMA?

* ¿QUÉ ES LO QUE MÁS TE PREOCUPA QUE PUEDA PASAR AL MANTENER RELACIONES SEXUALES?

✻ ¿CUÁL ES TU HÁBITO SEXUAL MÁS RARO?

✻ ¿HAS TENIDO ALGUNA CITA SÓLO PARA PONER CELOSO A ALGUIEN?

✻ ¿ALGUNA VEZ TE HAS ACOSTADO CON ALGUIEN QUE NO TE ATRAÍA NADA FÍSICAMENTE?

✻ ¿HAS FLIRTEADO ALGUNA VEZ CON ALGUIEN QUE SABÍAS QUE TENÍA PAREJA?

TE RETO A QUE ME BESES AHORA EN UN SITIO DONDE NORMALMENTE NO LO HACES

✳ ¿HAS USADO LOS CONDONES DE SABORES?

✳ ¿HAS PROBADO ALGÚN JUGUETE SEXUAL EN SOLI-
   TARIO?

✳ ¿HAS PROBADO ALGÚN JUGUETE SEXUAL EN
   PAREJA?

✳ ¿TE GUSTA QUE TE ATEN EN LA CAMA?

✳ ¿HAS PROBADO ALGUNA POSTURA DEL KAMA SUTRA?

✳ ¿ALGUNA VEZ TE HAS QUEDADO DORMIDO MIENTRAS PRACTICABAS SEXO CON ALGUIEN?

✳ ¿HAS SALIDO A LA CALLE SIN ROPA INTERIOR?

✳ ¿CÓMO EMPEZARÍA PARA TI LA MEJOR CITA SEXUAL?

TE RETO A QUE ME LAMAS UN PIE

✳ ¿CUÁL HA SIDO LA PEOR CITA QUE HAS TENIDO?

✳ ¿CUÁNTO ES EL MAYOR TIEMPO QUE HAS ESTADO SIN ACOSTARTE CON ALGUIEN?

✳ ¿CUÁL ES TU POSICIÓN FAVORITA EN LA CAMA?

✳ ¿CUÁL ES LA POSICIÓN QUE MENOS TE GUSTA EN LA CAMA?

✳ ¿TIENES ALGÚN FETICHE SEXUAL?

✳ ¿TE GUSTARÍA QUE ECHARA CERA CALIENTE SOBRE TU CUERPO?

✳ ¿HAS PRACTICADO SEXO ORAL CON UN DESCONO-CIDO?

✳ ¿HAS PAGADO POR TENER SEXO?

TE RETO A QUE TE PONGAS MI ROPA INTERIOR E INTENTES SEDUCIRME

* ¿CON QUIÉN TUVISTE TU PRIMERA EXPERIENCA SEXUAL?

* ¿CÓMO FUE TU PRIMERA EXPERIENCA SEXUAL?

* ¿TE EXCITAS RECORDANDO TU PRIMERA EXPERIENCA SEXUAL?

* ¿TE HAS GRABADO HACIENDO UN VÍDEO ERÓTICO?

✳ ¿PREFIERES HACERLO CON LAS LUCES ENCENDI-
DAS O APAGADAS?

✳ ¿CREES QUE EL TAMAÑO IMPORTA?

✳ ¿TE GUSTA QUE TU PAREJA TE HABLE PARA EX-
CITARTE MIENTRAS TENÉIS SEXO?

✳ ¿TE EXCITA DISFRAZARTE Y JUGAR A CAMBIAR DE
PERSONALIDAD PARA PRACTICAR SEXO?

TE RETO
A BESARNOS
Y METERNOS
MANO
10 MINUTOS Y
NO IR MÁS
ALLÁ

✳ ¿CUÁL ES TU FANTASÍA SEXUAL MÁS FRECUENTE?

✳ ¿CUÁL ES TU FANTASÍA SEXUAL MÁS EXTRAÑA?

✳ ¿CUÁNTOS ORGASMOS PUEDES TENER EN UN EN-
CUENTRO SEXUAL?

✳ ¿MEJOR TRAGAR O ESCUPIR?

✳ ¿HAS DICHO ALGUNA VEZ "TE DESEO" SIN SENTIR-LO?

✳ ¿HAS PRACTICADO SEXO CON ALGUIEN QUE TE DOBLE LA EDAD?

✳ ¿HAS PRACTICADO SEXO CON ALGUIEN 15 AÑOS MENOR QUE TÚ?

✳ ¿HAS PRACTICADO SEXO CON ALGUIEN A QUIEN HABÍAS CONOCIDO 24 HORAS ANTES?

TE RETO A QUE ME DEJES PASAR UN CUBITO DE HIELO POR ALGUNA PARTE DE TU CUERPO

* ¿QUÉ FRASE O PALABRA HACE QUE TE PONGAS A MIL?

* ¿TE HAS MASTURBADO CON ALGÚN AMIGO?

* ¿QUÉ POSICIÓN SEXUAL TE GUSTARÍA PRACTICAR CONMIGO?

* ¿TE GUSTARÍA QUE ME DISFRAZARA DE ALGO? ¿DE QUÉ?

✳ SI ME DEJASE HACER CUALQUIER COSA, ¿QUÉ TE GUSTARÍA HACERME?

✳ ¿HAS TENIDO SEXO TRAS HABER TOMADO ALGUNA DROGA?

✳ ¿TE GUSTARÍA QUE TUVIÉRAMOS SEXO TRAS TOMAR ALGUNA DROGA?

✳ ¿TE GUSTARÍA QUE GRABÁSEMOS JUNTOS UN VÍDEO SEXUAL?

TE RETO A QUE ME TAPES LOS OJOS Y ME DES ALGO DE COMER

✳ ¿TE GUSTARÍA QUE VIÉRAMOS PORNO JUNTOS?

✳ ¿CUÁL ES LA MEJOR HORA DEL DÍA PARA PRACTICAR SEXO?

✳ ¿ALGUNA VEZ TE HAS MASTURBADO EN EL TRABAJO?

✳ ¿QUÉ PERSONAJE FAMOSO TE EXCITA MÁS?

✳ ¿ALGUNA VEZ ME HAS ESPIADO MIENTRAS ME DUCHABA O CAMBIABA DE ROPA?

✳ ¿ALGUNA VEZ HAS OLIDO MI ROPA INTERIOR?

✳ ¿ALGUNA VEZ HAS BUSCADO EN INTERNET POSICIONES SEXUALES PARA PROBAR EN LA CAMA?

✳ ¿ALGUNA VEZ TE HAS MASTURBADO MIRANDO UNA FOTO TUYA?

TE RETO
A EXCITARME
CON UN SOLO
DEDO EN
5 MINUTOS

✱ ¿PREFERIRÍAS TENER UN ORGASMO ETERNO O NO TENER UN ORGASMO NUNCA MÁS?

✱ ¿CUÁL ES LA ESCENA DE UNA PELÍCULA NO PORNO QUE MÁS TE EXCITA?

✱ ¿CUÁL ES EL LUGAR O MOMENTO MÁS EXTRAÑO DONDE TE HAS EXCITADO?

✱ ¿HAY ALGUNA COMIDA O BEBIDA QUE TE PONGA A TONO PARA TENER SEXO?

✳ ¿CUÁNTO TIEMPO TE GUSTA DEDICAR A LOS PRE-
LIMINARES?

✳ ¿TE GUSTARÍA CAMBIAR ALGUNA PARTE DE TU
CUERPO?

✳ ¿QUÉ PRENDA DE ROPA (EXTERIOR O INTERIOR) TE
GUSTARÍA QUE ME PUSIERA?

✳ ¿TE EXCITA VER A LOS ANIMALES PRACTICANDO
SEXO?

TE RETO A QUE PASES TU LENGUA POR MI ESPALDA

✳ ¿TENDRÍAS SEXO CON ALGUIEN QUE TE DESAGRA-
DASE POR UN MILLÓN DE EUROS?

✳ ¿ALGUNA VEZ HEMOS HECHO ALGO EN LA CAMA
QUE PREFERIRÍAS NO HABER HECHO?

✳ ¿TE GUSTARÍA TENER MÁS SEXO ORAL?

✳ ¿TE GUSTARÍA QUE TUVIÉSEMOS MÁS SEXO?

✳ ¿POR DÓNDE TE GUSTA MÁS QUE PASE MI LENGUA?

✳ ¿TE GUSTARÍA QUE FUÉSEMOS A UN BAR DE INTERCAMBIO DE PAREJAS?

✳ ¿QUÉ ES LO QUE PROVOCA QUE TE CORRAS CASI INMEDIATAMENTE?

✳ ¿TE GUSTA PRACTICAR SEXO CUANDO HAS TENIDO UN MAL DÍA?

TE RETO
A QUE ME
EXCITES
USANDO SOLO
PALABRAS

* ¿TE GUSTA QUE TE META MANO DISIMULADA-MENTE CUANDO ESTAMOS EN PÚBLICO?

* ¿TE GUSTARÍA QUE TUVIÉSEMOS UNA CITA COMO SI FUÉSEMOS DOS DESCONOCIDOS?

* ¿TE GUSTARÍA QUE BAILASE DESNUDO PARA TI?

* ¿ALGUNA VEZ HAS VISTO A ALGUNA PAREJA TENIENDO SEXO SIN SABER QUE LOS ESPIABAS?

* ¿QUÉ DORMITORIO DE FAMOSOS TE GUSTARÍA ESPIAR?

* ¿QUÉ ES LO QUE TE PARECE MÁS SEXY DE MÍ?

* ¿QUÉ ESCENA DE PELÍCULA O LIBRO TE GUSTARÍA EMULAR JUNTOS?

* ¿TE GUSTARÍA QUE TE DIERA UNOS AZOTES?

TE RETO
A QUE ME
DEJES
LAMERTE LOS
PEZONES
DURANTE 1
MINUTO

* ¿CUÁL ES LA COSA MÁS *SUCIA* QUE HAS PENSADO HACERME?

* ¿PREFIERES SILENCIO O QUE HAYA MÚSICA DE FONDO?

* ¿HAY ALGO QUE HAGO EN LA CAMA QUE PREFERIRÍAS QUE NO HICIERA?

* ¿ES EL OLOR IMPORTANTE PARA TI A LA HORA DE TENER SEXO?

* ¿ALGUNA VEZ HAS PRACTICADO SEXO CON TUS PADRES EN LA HABITACIÓN DE AL LADO?

* ¿DE QUÉ PERSONAJE FAMOSO TE GUSTARÍA RECIBIR CONSEJOS SEXUALES?

* ¿TE GUSTA MORDER? ¿Y QUE TE MUERDAN?

* ¿TE GUSTARÍA QUE TE PASASE UN CUBITO DE HIELO POR ALGUNA PARTE DE TU CUERPO?

TE RETO A QUE FINJAS QUE ESTÁS TENIENDO UN ORGASMO INCREIBLE

* ¿TE GUSTA ARAÑAR? ¿Y QUE TE ARAÑEN?

* ¿TE EXCITA MÁS VERME TOTALMENTE DESNUDO O CON SOLO ALGUNA PRENDA DE ROPA?

* ¿QUÉ ROPA INTERIOR CREES QUE LLEVO AHORA?

* ¿TE GUSTARÍA VENDARNOS LOS OJOS Y PONER A PRUEBA EL RESTO DE NUESTROS SENTIDOS?

✳ ¿QUÉ PENSASTE DE MÍ LA PRIMERA VEZ QUE ME VISTE?

✳ ¿QUÉ NOMBRE DE MASCOTA ME PONDRÍAS?

✳ ¿POR QUÉ CREES QUE ME GUSTAS?

✳ ¿DÓNDE TE GUSTARÍA QUE TE BESARA AHORA MISMO?

TE RETO A QUE TE METAS MANO MIENTRAS ME MIRAS FIJAMENTE

✳ ¿CUÁL ES TU PLACER SECRETO?

✳ ¿PREFIERES HACERLO EN LA DUCHA O EN UN BAÑO DE ESPUMA?

✳ ¿DÓNDE TE GUSTARÍA QUE TE LLEVARA PARA UNA CITA NOSOTROS SOLOS?

✳ ¿A QUÉ SABEN MIS LABIOS?

✳ SI TUVIERAS UNAS GAFAS DE RAYOS-X, ¿QUÉ PARTE DE MI CUERPO MIRARÍAS PRIMERO?

✳ SI SÓLO PUDIERAS TOCARME UNA PARTE DE MI CUERPO ¿QUÉ PARTE ESCOGERÍAS?

✳ ¿TE GUSTA REIR MIENTRAS LO HACEMOS O PREFIERES PERMANECER SERIOS Y CONCENTRADOS?

✳ ¿TE GUSTA MIRAR MIENTRAS ME TOCO?

TE RETO A PEGAR NUESTROS CUERPOS FUERTEMENTE 3 MINUTOS SIN TOCARNOS CON LAS MANOS

✳ ¿HAS PROBADO LA ROPA INTERIOR COMESTIBLE?

✳ ¿PREFIERES DAR O RECIBIR?

✳ ¿PUEDES MANDARME UNA FOTO DE LA PARTE FA-
VORITA DE TU CUERPO?

✳ ¿CUÁL ES TU FORMA FAVORITA DE SER SEDUCIDO?

✳ ¿ALGUNA VEZ HAS PRACTICADO SEXO CON GENTE DELANTE?

✳ ¿TE GUSTA INCLUIR COMIDA EN LA CAMA?

✳ ¿HAS JUGADO AL STRIP POKER ALGUNA VEZ?

✳ SI ME DIESES UN MASAJE CORPORAL COMPLETO ¿POR DÓNDE EMPEZARÍAS?

TE RETO
A QUE ME ATES LAS MANOS Y LAMAS LA PARTE DE MI CUERPO QUE MÁS TE GUSTA

✳ ¿TE PONE CELOSO QUE OTROS ME DESEEN?

✳ ¿CÓMO DESCRIBIRÍAS MI CUERPO EN 3 PALABRAS?

✳ SI TUVIERAS QUE ESCOGER ¿SERÍAS DOMINANTE O SUMISO?

✳ ¿HAY ALGO QUE NO HARÍAS EN LA CAMA?

✱ ¿CUÁNTAS VECES PIENSAS EN SEXO A LO LARGO DEL DÍA?

✱ ¿QUÉ PIENSAS DE LAS RELACIONES ABIERTAS?

✱ ¿ALGUNA VEZ TE HA VISTO DESNUDO ALGUIEN POR ACCIDENTE?

✱ ¿HAS VISTO ALGUNA VEZ A ALGUIEN DESNUDO POR ACCIDENTE?

TE RETO A QUE TE PONGAS A CUATRO PATAS Y TE PASEES ASÍ 2 MINUTOS POR LA HABITACIÓN

* ¿CUÁL CREES QUE ES TU FUERTE EN LA CAMA?

* ¿CÓMO PODEMOS HACER NUESTROS ENCUEN-
TROS SEXUALES MÁS EXCITANTES?

* ¿QUÉ PENSARÍAS SI TE DIGO QUE SOY BISEXUAL?

* ¿PREFIERES LA POSICIÓN DE PERRITO O HACERLO
CONTRA LA PARED?

✳ ¿ALGUNA VEZ HAS FINGIDO UN ORGASMO CONMIGO? ¿POR QUÉ?

✳ ¿CUÁL CREES QUE ES LA COSA MÁS GRACIOSA QUE HE HECHO MIENTRAS PRACTICÁBAMOS SEXO?

✳ ¿TE GUSTA QUE TE ENVÍE MENSAJES ERÓTICOS AL MÓVIL?

✳ ¿CUÁNDO SENTISTE QUE ME DESEABAS POR PRIMERA VEZ?

TE RETO A MIRARNOS A LOS OJOS DURANTE 2 MINUTOS